Assainissement et Fédéralisme

DISCOURS

PRONONCÉ A BORDEAUX LE 29 JUIN 1895

PAR

MAURICE BARRÈS

PRIX 20 centimes

PARIS

LIBRAIRIE DE LA *REVUE SOCIALISTE*

10, rue Chabanais, 10

1895

ASSAINISSEMENT ET FÉDÉRALISME

Le discours qui suit a été prononcé le 29 juin 1895, dans la ville des Girondins.

La réunion, à laquelle s'associèrent toutes les écoles socialistes bordelaises, était organisée par le comité intransigeant socialiste.

Certaines personnes (notamment le distingué correspondant de la *Nouvelle Revue*, à Bordeaux) ont regretté que M. Barrès eût exprimé des idées, auxquelles elles se ralliaient en partie, devant un auditoire de socialistes.

On répondra qu'il est tout naturel qu'un étranger soit présenté par ses amis, qu'un socialiste parle parmi des socialistes, mais que, d'ailleurs, dans une réunion publique, c'est bien au public, non aux seuls comités, qu'on soumet ses idées.

La décentralisation qui, dans notre esprit doit aider à la constitution du droit économique, est en outre une nécessité nationale.

CITOYENS,

Ayant l'intention de mettre sous vos yeux les graves inconvénients du système centralisé que la République a hérité des gouvernements précédents, je débuterai par une interrogation sur un point de détail. Pourquoi nommez-vous M. Raynal ?

Est-ce donc qu'il vous plaît ? Non pas! mais il convient au gouvernement, et que ne peut un gouvernement centralisé !

Pour administrer trente-huit millions de Français à qui l'on a enlevé la possession d'eux-mêmes, il faut une bureaucratie prodigieuse. Voilà bien des places par où tenir les électeurs, leurs enfants et leurs neveux. Quant à ceux qui ne sont point fonctionnaires, ni parents de fonctionnaires, on les séduira grâce aux mines, aux canaux, aux voies ferrées, aux offices ministériels, aux adjudications, aux fournitures, aux concessions de toutes sortes. Tout cela c'est l'activité d'un grand pays; c'est aussi monnaie électorale avec quoi le gouvernement paie sa majorité. Si quelques électeurs favorisés peuvent échapper à ces mailles étroites où pour l'ordinaire notre intérêt nous retient, on les prend alors par le sentiment de l'honneur : pour nous appâter, le pouvoir central a trois ordres de décorations avec des grades variés. Ajoutez les médailles de sauvetage, les primes de victimes du 2 décembre, les bureaux de tabac dont on sait qu'un préfet et un candidat domestiqué ont une abondante provision.

Ce ne sont pas seulement les individus, mais de préférence les villes et les associations que le gouvernement corrompt. A une société industrielle, il achète son concours électoral par des commandes; à une église, il accorde une subvention pour des travaux de réfection; en faveur d'une ville, il dispose de travaux d'embellissement ou d'utilité publique, de chemins de fer et de voies stratégiques, de monuments aux gloires locales, d'encouragements au commerce, à l'agriculture, à l'industrie, de remises de taxes et de prestations, et enfin, citoyens, il y a les visites du président de la République. A côté des récompenses, les punitions. Un préfet déclare à des maires de villages atterrés : « Tant que ce mauvais député sera votre élu, vous n'avez rien à attendre de la bienveillance du gouvernement ». Telle ville ayant mal voté fut punie par le rappel d'une compagnie d'infanterie.

Et voilà comment vous nommez Raynal. Nous sommes un peuple vendu à son gouvernement.

Permettez-moi de vous poser une seconde question. Pourquoi vous tous si nombreux, n'atteignez-vous point, je ne dis pas à une solution du problème social, mais à une amélioration de vos rapports avec le capital ?

Parce que le gouvernement vous refuse la liberté d'association et notamment interdit à vos syndicats la personnalité civile, qui leur permettrait, au moins dans les ordres d'industrie où l'outillage est peu compliqué, de se substituer aux patrons.

En outre, quand, sur un point déterminé du territoire, vous êtes en mesure de vous organiser selon votre intérêt et votre instinct, le gouvernement, dédaigneux des lois de l'évolution, juge bon de vous faire céder en portant sur vous tout l'effort du pays.

Voilà le double inconvénient de la centralisation. Si des politiciens déshonorés dans des concussions variées et indéniables, sont et seront éternellement réélus, c'est que le gouvernement qui tient à eux comme à des agents qui ne peuvent broncher, dispose absolument des villes, des groupes et des individus. Et d'autre part, si les syndicats, les associations ouvrières, qui, laissées à leurs seules forces détermineraient la transformation sociale, stationnent impuissants, c'est parce que le gouvernement qui a concentré toute la puissance nationale au profit d'une minorité, vous refuse la liberté de vous développer, c'est-à-dire de transformer vos institutions conformément à votre mentalité actuelle.

Assainissement, constitution du droit économique, voilà les deux grands problèmes, les deux réformes d'inégale importance, mais nécessairement liées que réclame la partie vivante du pays et qui ne peuvent aboutir malgré tant d'efforts des masses inconscientes, tant d'études lumineuses, tant d'éloquence ardente, — à cause de notre absurde centralisation.

I

Son mal, la France le connaît bien. De toutes parts on le lui signale. Des penseurs cosmopolites comme les Taine et les Bourget, des philosophes attachés au sol comme les Mistral et les Xavier de Ricard, l'école de Nancy comme le groupe des poètes du Midi, la ligue centre-gauche de M. de Marcère comme la tradition autonomiste de la Commune, combattent notre gouvernement concentré.

Décentralisation, régionalisme, fédéralisme, le droit de respirer enfin ! Voilà ce que réclament les individus, les villes, les groupes professionnels, les régions. Et peut-être même le mouvement décisif tarde-t-il à se produire, à cause d'une certaine incertitude où demeurent des électeurs à qui un même conseil arrive des points les plus divers, dont quelques-uns leur sont suspects.

A cette immense armée qui représente la force évolutive de notre pays et qu'on essaye d'attarder en la divisant sur des points de détail, nous n'apportons pas l'occasion de se fractionner une fois de plus. Bien au contraire ! Partisans de l'union socialiste, comme d'une tactique utile contre les procédés électoraux du ministère de l'intérieur, nous considérons que le fédéralisme justifie philosophiquement l'entente actuelle de toutes les fractions du parti, puisqu'il tend à préparer une France où toutes les théories pourront être essayées et tous les systèmes appliqués dans la région qu'ils satisferont.

Sans fédéralisme, a dit Proudhon, il n'y a pas de socialisme. Le fédéralisme socialiste laisse à chacun sa conception propre sur l'organisation sociale, sa manière de rêver l'avenir. C'est-à-dire qu'il admet et maintient tous les tempéraments. Il détruit les entraves et il aide chacun à se développer.

Cette conception, on s'est efforcé de la préciser plus encore que de la propager, dans un journal (1), qui durant six mois, mena le bon combat, et c'est elle que je viens soumettre à votre réflexion, petits-fils des Girondins.

Il y a pour l'homme deux ordres de groupements, disions-nous : le groupe local, le groupe moral.

Pour le groupe moral, nous réclamons la liberté absolue d'association.

Pour le groupe local, notre formule est : à la commune les intérêts communaux, à la région les intérêts régionaux, à la nation les intérêts nationaux.

Au sommet, donc, la République demeure une et indivisible. Dans cette unité, nous introduisons à tous les

---

(1) De septembre 94 à mars 95, *La Cocarde*, directeur politique : Maurice Barrès ; principaux rédacteurs : Amouretti, Bonnancour, Paul Brulat, Pierre Denis, Fournière, A. Gabriel, Clovis Hugues, Paul Lagarde, Camille Mauclair, Charles Maurras, Louis Ménard, Paule Mink, Paul et Joseph Pascal, et toute une jeunesse ardente, désintéressée, menée par la passion des idées.

degrés la liberté. Nous émancipons la région, la commune, l'individu.

Au gouvernement national, il appartient de recruter les troupes, de déclarer la guerre, de faire les traités de paix, d'alliance, de commerce, de gérer les finances nationales, de contracter les emprunts garantis par l'ensemble de la nation, de traiter avec les associations industrielles pour les entreprises concernant la totalité du pays.

A la région, il appartient de se constituer administrativement, politiquement et socialement, comme il lui plaît. Sa seule obligation, c'est de reconnaître l'unité nationale, la constitution nationale, c'est-à-dire la République, et de garantir à chaque citoyen la jouissance de sa liberté. Que la région élise ses fonctionnaires et ses juges, qu'elle fixe leurs appointements et leurs attributions, qu'elle organise à sa manière ses assemblées locales, ce sont ses droits.

A la commune, il appartient d'acquérir, d'aliéner, d'emprunter, d'arrêter, de voter elle-même son budget sans autorisation, d'entretenir ses pauvres, ses chemins et ses écoles animées par l'Université régionale. C'est l'autonomie communale.

C'est ainsi que le système fédératif posant à la base de tout la liberté, assure à chaque individu, à chaque commune, à chaque province, la plus grande somme de vie, d'activité et d'indépendance, réalisant la liberté individuelle, corporative, locale, communale, régionale et nationale.

Est-ce un système chimérique que nous proposons là ? Non point. Vous devez y reconnaître l'effort séculaire de la race française, réalisé grâce à l'expérience américaine.

II

La seule politique sociale, c'est celle qu'on appuie sur l'histoire. Un système, un parti ont besoin d'avoir dans le

passé une tradition, comme une plante ne saurait se
développer sans racines. Or, vous la reconnaissez bien,
notre conception des libertés régionales et des libertés
syndicales : elle est la forme moderne de cette constante
tendance dont les libertés provinciales et les corporations
furent la forme gothique.

On ne peut revenir exactement aux provinces, pays
d'États et d'Élections, ni aux corporations. L'histoire
n'admet pas de pastiches.

Du passé, ce n'est point ses formes d'un instant que
nous aimons et voulons maintenir ; c'est sa vie, c'est une
certaine qualité particulière d'activité que personne ne nie
et qu'ont représentée l'esprit provençal, le languedocien,
le picard, le bourguignon, le lorrain, l'alsacien, le giron-
din, tant qu'ils s'écoulèrent selon leur rythme et avant
qu'ils fussent détournés sur Paris, dont ils submergent
d'ailleurs le génie particulier. Oui, c'est Paris aussi que
nous voulons maintenir en le libérant de ce système centraliste qui lui impose toute une lie de cosmopolites
d'affaires, de grands juifs et d'étrangers équivoques,
barons de Reinach et Cornélius Herz, bandes de rôdeurs
immondes qu'attire nécessairement une poignée d'hommes politiques entre les mains de qui sont concentrées
toutes les affaires communales, régionales et nationales
d'un vaste pays.

Maintenir les éléments de la race française, tout en
aidant à la transformation de notre civilisation, voilà la
double mission des penseurs, des hommes d'action aujour-
d'hui. Les cahiers de 1789, qui contiennent tant de vérités
non encore utilisées, émergées dans une minute héroïque
de notre race, protestent au nord, au sud, à l'est, à l'ouest,
contre la centralisation, contre la main mise du pouvoir
royal sur les droits locaux. De 89 à 93, la Révolution fut
fédéraliste ; ce sont les Jacobins qui, en juin 93, nous
ont décidément centralisés, non qu'ils méconnussent
la nécessité théorique des libertés communales aux-

quelles Robespierre avait rendu hommage, mais pour faire face à des nécessités momentanées en Vendée et sur le Rhin.

Nous avons le droit d'affirmer, citoyens, cette double vérité décisive pour le républicain, décisive pour le patriote, décisive pour le penseur qui sait qu'on n'impose pas un système de toutes pièces à un pays : la doctrine fédéraliste est conforme à la tradition profonde de la France et de la Révolution.

Notre prétention de traditionalistes, nous savons qu'elle sera contredite. Donnons la parole à l'un de nos plus autorisés adversaires.

Écoutons, par exemple, ce que nous objecterait le ministre actuel des affaires étrangères, M. Hanotaux, qui a placé, nous dit-on, sur son bureau du quai d'Orsay, le buste du cardinal de Richelieu.

M. Hanotaux ne manquera pas de nous opposer l'autorité de ce grand homme auquel il a soumis son intelligence et qui voulut tout concentrer sur le sommet de la monarchie. Vous lui répondrez d'abord qu'il est beau de s'appeler Richelieu, mais que pour juger ce qui convient à la France en 1895, le mieux serait précisément de réfléchir sur ce qui s'est passé depuis Richelieu jusqu'en 1895.

S'il y eut des instants de l'histoire où les grands politiques français détruisirent les libertés locales, c'est méconnaître les conséquences de leur œuvre que de les tenir pour des adversaires de notre rêve. Ils s'employaient à l'unification française, eh bien ! celle-ci précisément est une condition préalable nécessaire pour que la liberté puisse être introduite sans danger dans l'unité nationale.

C'est la communauté d'intérêts et la communauté d'idées établie par les Richelieu, les Louis XIV, la Convention, Napoléon Ier, entre toutes les parties de la France, qui permettent aujourd'hui à ces parties de se fédérer sans risque de dissociation.

Les petites républiques ou principautés italiennes se déchiraient sans trêve ; pour notre unité nationale à laquelle tous nous sommes attachés, il n'est pas mauvais qu'une forte discipline ait atténué le sentiment particulariste dont M. Hanotaux a fortement noté dans son tableau du royaume en 1614, les graves inconvénients. Michelet s'écrie justement : « Quel que soit mon amour, mon admiration pour ces nobles girondins, j'aurais siégé avec leurs adversaires ! » Il fallait d'abord faire triompher l'idée révolutionnaire sur tous les points du pays ; un désaccord si grave eût mené notre pays au séparatisme ; le régime centralisateur fut une condition nécessaire, un précédent indispensable de cette décentralisation, dont l'heure aujourd'hui est venue.

L'historien philosophe de Richelieu sait bien qu'une civilisation est un perpétuel devenir. Pour ou contre la centralisation en 1895, il faut autre chose que des arguments empruntés à l'archéologie politique. « Eh bien ! répondra M. Hanotaux, moi, homme de gouvernement, placé à la tête des affaires, je considère comme une nécessité que tout le maniement des intérêts publics soit concentré au sommet. » Or, voilà ce que nous ne laisserons pas affirmer à nos gouvernementaux :

« Votre parti, dirons-nous à M. Hanotaux, vos amis politiques, tous ces opportunistes groupés autour de Gambetta et de Jules Ferry, ils furent décentralisateurs du temps que pour monnaie électorale, ils n'avaient que des arguments. En faveur des libertés communales, régionales et de la liberté d'association, ils donnaient d'excellentes raisons, les mêmes que nous reprenons, et ils ne les ont abandonnées que le jour où, installés au pouvoir et soucieux de s'y maintenir, ils ont hérité des moyens formidables amassés par la concentration autoritaire de l'Empire. »

Dans la doctrine républicaine, qui fut toujours comprise comme un acheminement vers le gouvernement direct, le système centraliste est un contresens que le petit groupe gambettiste maintient simplement à cause des singulières facilités qu'il offre pour la domination et l'exploitation réglée et systématique des majorités par une minorité.

Au lendemain de toute révolution, le groupe hissé au pouvoir juge commode cette même centralisation qu'il attaquait la veille. Mais les commodités d'une minorité ne valent pas comme argument devant la majorité. Il faut que nos adversaires trouvent un sophisme moins grossier.

III

Ils croient l'avoir trouvé ! En vain sommes-nous issus de la tradition française et de la tradition révolutionnaire, en vain combattons-nous pour l'assainissement national et pour le développement social ! ce n'est point d'aujourd'hui qu'on l'a dit, la calomnie des intentions est toujours le moyen le plus sûr de discréditer les nobles entreprises : des imposteurs objectent à notre fédéralisme social qu'il compromet la patrie... Quelle dérision ! Dans la patrie une et indivisible nous voulons introduire la liberté, de telle façon que toutes les forces sociales, tous les droits et intérêts des individus et des groupes puissent se développer et atteindre leur satisfaction sous la bienfaisante impulsion du génie national. Compromettre la patrie ! nous prétendons la régénérer.

La nationalité française, selon les fédéralistes, est faite des nationalités provinciales. Si l'une de celles-ci fait défaut, le caractère français perd un de ses éléments. Metz et Strasbourg ont mis dans le génie français des traits indispensables et tels que si on les effaçait, celui-ci demeurerait méconnaissable. C'est le régime centralisateur qui a perdu l'Alsace et la Lorraine. Et des provinces mêmes qu'il n'a pas détachées du territoire national qu'a-t-il fait ? Penchez-vous sur elles. Distinguez-vous encore leurs physionomies effacées ? Où donc leur activité, leur génie particulier ? Selon la forte expression de Bakounine, saisissante de vérité, « la centralisation est un cimetière ».

Soit, nous dit-on, le régionalisme vivifierait le sentiment nationaliste sur tous les points de la France ; cela nous ne pouvons le nier, mais est-ce l'instant de procéder à ces réformes intérieures, occupons-nous d'abord de l'étranger !

Non pas ! vivons d'abord, et par la centralisation, la France meurt. Ce n'est jamais sous l'effort d'un pays rival qu'un pays s'écroule, il tombe par l'action d'une cause intérieure. Voyez donc que la France, anémiée dans tous ses membres, ne produit plus d'individus ni de groupements.

Et puis, d'où concluez-vous qu'en cas d'invasion un pays décentralisé soit inférieur ? De toutes parts des arguments décisifs contredisent une telle supposition. Les États du Nord, en Amérique, éprouvèrent-ils de leur défaut de centralisation le moindre embarras pour attaquer ceux du Sud ? Et ceux-ci en montrèrent-ils à se défendre ? La France en 1870 eût offert de bien autres difficultés à l'invasion allemande, si elle avait été décentralisée, organisée en provinces et dotée du self-governement. Paris bloqué, les Français s'abandonnèrent ; ils avaient perdu le point par où ils sont habitués à penser, à décider, à oser. Et quels étaient nos vainqueurs ? Une armée de confédérés. Réfléchissez sur cette triste guerre de 1870. Il y avait en présence une puissance fédérée et une puissance concentrée à outrance !

Ces faibles contradicteurs qui, menés par un funeste goût pour la tirade, cherchent à nous opposer je ne sais

quel patriotisme artificiel et déclamatoire comme une
tragédie de l'Odéon, n'ont pas examiné avec attention
comment se constitue le patriotisme, par quelles voies il
s'élargit de la famille à la cité, à la province, à la nation.
Manquent-ils de sérieux ou de méthode? Voilà des gens
à qui il faudrait faire lire un bon manuel de l'organisation
des pouvoirs dans le royaume de Prusse pendant ces der-
niers cinquante ans.

Rappelons-leur aussi, citoyens, ce que furent en 1808
les Espagnols, animés du sentiment national double du
provincial. Basques, Catalans, Aragonais, toutes les provinces et les villes, Saragosse, par son héroïsme, Cadix,
par son loyalisme, maintinrent, sauvèrent l'indépendance
des Espagnes. Notre armée, dans un renouveau donné à la
vie provinciale, trouverait un surcroît de force morale.
Aux heures du péril, la force du nom français toujours
sera doublée par ces titres de Bretons, de Lorrains, d'Alsa-
ciens, de Parisiens, de Girondins. Au sentiment national,
ne craignez pas de surajouter le sentiment local. Donnez
à chacun deux patries à servir, à sauver : la grande patrie,
la petite patrie. Et puis, doublez le moi individuel d'un moi
plus large : installez-nous dans un groupe, dans une association professionnelle, dans une personne morale que
nous ayons intérêt à aimer comme nous-mêmes. Il faut à des
hommes des raisons précises, tangibles d'aimer leur pays.
Que le mot Patrie ne soit pas une expression métaphysi-
que à l'usage des orateurs de concours agricoles, de
banquets et de distributions de prix. Comprenez aussi
que payer des impôts, c'est un lien patriotique insuf-
fisant. On n'aimera jamais tant son pays que si l'on
prend contact avec lui, si l'on appartient à une région, à
une ville, à une association où l'on tienne son rôle
modeste, sa petite part de responsabilité, échappant par
là à l'isolement d'un être irresponsable et sans solidarité,
qui croit s'être sauvé tout entier s'il a préservé sa peau.

Vous le sentez, citoyens, et déjà vous le saviez, quelle force intérieure le fédéralisme donnerait à la patrie française, mais avez-vous réfléchi à l'appui qu'elle prendrait d'un tel principe en Europe?

Le fédéralisme préconisé en France, ce n'est pas seulement de la politique intérieure, c'est une politique d'exportation qui aurait du retentissement sur l'Allemagne qui, on l'oublie trop, est un empire fédéral, sur l'Autriche où il s'impose, sur l'Italie où il réapparaîtrait pour le plus grand bien de la civilisation italienne et pour notre sécurité, sur l'Espagne où la Catalogne le réclame, sur les Iles Britanniques où il résoudrait la question irlandaise.

En revendiquant le fédéralisme, le parti socialiste deviendrait, par la seule vertu de l'idée, arbitre de la politique européenne, et alors même que sa propagande immédiate échouerait, ce que j'admets, il augmenterait sa force en se faisant reconnaître des patriotes comme conforme à la tradition française, des travailleurs, comme efficace pour la constitution du droit économique, et de toutes les nations comme indispensable à la notion de patrie — jointe non plus à l'idée de guerre, mais à l'idée de paix dans la fédération.

IV

Citoyens, par votre constant assentiment vous m'avez marqué que vous approuviez l'ordre selon lequel nous nous élevions vers des conclusions qui, je le vois, sont les vôtres.

D'abord, nous nous étions mis d'accord sur ce point qu'il y a en France asservissement des individus et des groupes, et nous avons demandé la suppression de la centralisation, c'est-à-dire la liberté introduite dans l'union nationale pour que le personnel dirigeant pût être assaini et pour que le droit économique pût se constituer.

Ensuite nous avons brièvement retracé comment la tradition française et révolutionnaire fortifiait notre réclamation.

Enfin, aux sophismes de ceux qui nous objectaient l'intérêt de la défense nationale, nous avons répliqué en leur faisant voir, par l'idée fédéraliste, la France plus forte et la paix organisée en Europe.

Mais, dira-t-on, vous n'entrez pas dans le détail du fonctionnement fédéral. C'est que nous ne sommes pas ici dans une assemblée délibérante, mais dans un lieu où nous essayons de créer une passion nouvelle.

Une constitution n'a de valeur que si elle est précédée d'un grand frémissement dans le pays.

Non seulement par votre enthousiasme vous nécessiterez cette constitution fédérale, mais l'esprit même qui doit vivifier cette constitution, c'est votre enthousiasme qui le manifestera. Il n'y a pas que la lettre dans une constitution, il y a une tendance générale qui donne un sens à chacun des articles que les légistes devront formuler.

La substitution de l'ordre fédéral au régime de la concentration, si elle est menée avec prudence et si l'on tient compte des éléments dissimulés mais déjà existants, n'apportera pas de troubles et ne changera pas les apparences autant qu'on pourrait le croire, car c'est moins dans la forme que dans l'esprit des institutions que réside le problème.

J'ajouterai que la France a moins besoin d'une loi nouvelle que d'un nouvel état d'esprit.

Ce n'est pas de son parlement, mais des masses profondes que naîtra ce renouveau de vie, ce besoin de liberté, en un mot, cette énergie nationale.

C'est à chaque région de se préciser ses idées administratives et d'économie politique ; c'est chaque groupe, chaque région qui sera appelée à donner force de loi à ses intérêts et à ses instincts. Vous avez à vous concerter, à étudier vos besoins, à préparer vos cahiers... Nous les compulserons dans un congrès. Aujourd'hui, dans cette ville consacrée par le souvenir des Girondins, nous soumettons la question à l'initiative régionale.

Nous avons dit à plusieurs reprises comment une telle tâche dans un tel endroit éveillait en nous le souvenir républicain des Girondins. Il nous faut aussi, avant de nous séparer, nous rappeler avec gratitude le grand socialiste Proudhon. Ce penseur qui avait averti avec une sage vigueur nos politiciens, intoxiqués d'unitarisme, de la nécessité de donner une constitution fédérale à l'Italie, a fondé le socialisme français sur la liberté, tant individuelle que collective : il se fiait à l'action spontanée des associations libres. Il mourut isolé dans un coin de Passy. Son souvenir n'occupe pas la haute place qui conviendrait dans le socialisme français, du moins ses livres vendus au rabais vivifient des intelligences. Les idées, la mémoire des hommes trouvent leur jour; soit; soyons ingrats pour nos grands hommes ! une seule chose n'attendrait pas : c'est la France.

Son énergie, citoyens, est tout anémiée. Vous sentez bien que les vrais individus sont rares dans ce temps de domestication universelle. Seule la décentralisation peut nous sauver. A toutes les objections que pourraient nous faire le patriote pour qui le seul problème allemand existe ou l'internationaliste qui veut effacer toutes nuances de races, voici notre réponse : le fédéralisme nous permet d'aimer la patrie, sans nous forcer de haïr l'étranger.

Ah ! que ne suis-je un grand orateur pour jeter la lumière sur cette ascension de liberté qui, s'élevant de bas en haut, de l'individu libre à la commune libre, permet à la commune de se mouvoir dans la région, épanouit la région dans l'union nationale et fédère la nation elle-même par un lien plus lâche avec les autres États de l'Europe.

Familles d'individus, voilà les communes ; familles de communes, voilà la région ; familles de régions, voilà la nation ; une famille de nations, citoyens socialistes, voilà l'humanité fédérale où nous tendons, en maintenant la patrie française et par l'impulsion de 1789.

MAURICE BARRÈS.

Pour fortifier les idées qui sont exprimées dans ce discours, on voudrait pouvoir publier les témoignages, des plus grands et des plus humbles, qu'il suscita quand il fut publié, au lendemain de Bordeaux, dans un journal populaire *Le Journal*. Tant de lettres attestaient que nous avions plaidé la cause de la liberté. Ces vérités, qui gagneraient à être exprimées par un grand orateur, ont été élaborées par les penseurs les plus autorisés (travail de formation que nous retracerons dans une autre brochure : *De Hegel aux cantines du Nord ;*) et l'instant de les réaliser semble venu, au jugement des esprits les mieux avertis de la crise nationale où la France se débat.

www.ingramcontent.com/pod-product-compliance
Lightning Source LLC
Chambersburg PA
CBHW060710280326
41933CB00012B/2378